LA MANUFACTURE D'INDIENNES, OU LE TRIOMPHE DU SCHALL ET DES QUEUES DU CHAT,

PARODIE DES BAYADERES,

VAUDEVILLE EN UN ACTE,

Par MM. DIEULAFOY et GERSIN,

Représenté pour la première fois sur le Théâtre du Vaudeville, le Samedi 8 Septembre 1810.

PRIX : 24 SOUS.

A PARIS,

Chez M.me MASSON, Libraire, Éditeur de Musique et de Pièces de Théâtre, rue de l'Échelle, N.° 10, au coin de celle St.-Honoré.

1810.

PERSONNAGES.

FADOLI, maître de la manufacture;	M. *Séveste.*
M.lles SIRSAKA,	M.me *Bodin.*
M.lles GUINGAM, } ses cousines;	M.lle *Chapelle.*
M.lles KALICOT,	M.lle
PUPPO, jokei de Fadoli;	M. *Joli.*
LARIRA, chef d'une troupe de chanteuses de Pont-neuf, courant les foires;	M.lle *Minette.*
M.tre ROQUARD, procureur à Falaise;	M. *Édouard.*
SALEM, huissier;	M. *Carle.*

Autres Huissiers et Recors.

Chanteurs et Chanteuses de la suite de Larira.

Deux Ouvrières de la manufacture.

La Scène se passe aux environs de Guibrai dans une des salles de la manufacture.

AVIS.

Il n'y a d'Édition avouée par l'Auteur, que celle dont les Exemplaires sont signés par l'Éditeur. Il poursuivra les Contrefacteurs, conformément à la loi.

LA MANUFACTURE D'INDIENNES,

VAUDEVILLE.

SCENE PREMIERE.

Mesdemois. SIRSAKA, GUINGAM, KALICOT, 2 petites Ouvrières.

(*Les 3 Demoiselles sont assises devant une bassine remplie de feu, et font des pelotons de coton. Les 2 Ouvrières soufflent le feu.*)

SIRSAKA, GUINGAM, KALICOT.

CHŒUR.

Air : *Veillons, mes Sœurs.*

Bâillons, mes sœurs, bâillons ensemble,
En ce beau lieu qui nous rassemble.
Hélas! hélas! quand fille attend
D'hyménée
La journée,
Que le tems fuit lentement!

KALICOT.

Mon cousin verra mes charmes....

GUINGAM.

Il m'entendra soupirer :
Son cœur me rendra les armes.

KALICOT.

Il va soudain m'adorer.

SIRSAKA.

Moi, je n'ai qu'un cœur de flamme,
Pour fixer ses tendres vœux.

GUINGAM.

Belle flamme....

KALICOT.

Voyez Madame.

SIRSAKA.

Il va céder à mes feux.

(*à une des ouvrières.*) Soufflez donc.

CHOEUR.

Bâillons, mes sœurs, etc,

SCENE II.

Les Mêmes, PUPPO.

PUPPO.

Charme des yeux, trésor de grace et de pudeur....

SIRSAKA.

Qui vous a dit cela, mon ami?

PUPPO.

Mais, mesdames, votre état, votre âge....

SIRSAKA.

Paix, Puppo; n'oubliez pas, je vous prie, que vous n'êtes ici qu'une marionnette qu'on a fait venir de Naples, pour remplacer un confident qui vaut mieux que vous.

PUPPO.

Marionnette, mannequin, tout ce qu'il vous plaîra, mesdames.

Air : *Arlequin afficheur.*

Je suis bien loin de l'oublier :
Ce métier vaut plus qu'on ne pense.
Il suffit de savoir plier :
De tout autre esprit il dispense;
Il ne faut que des pieds, des mains,
Ce qui fait, sans que je me cite,
Que l'on prend bien des mannequins
Pour des gens de mérite.

SIRSAKA.

C'est bon, que voulez-vous?

PUPPO.

Intéressante Guingam, vertueuse Sirsaka, et vous, sensible Kalicot, cousines très-majeures de mon maitre Fadoli, je viens vous annoncer...

SIRSAKA.

Vous ne venez jamais que pour cela.

PUPPO.

Mais...

SIRSAKA.

Allez donc.

PUPPO.

Je viens vous annoncer que c'est aujourd'hui qu'expire l'année où mon maître a été contraint par le testament de son oncle d'épouser l'une de vous.

LES 3 FEMMES.

Nous sommes prêtes.

PUPPO.

C'est à cette condition que cette riche manufacture lui a été laissée.

LES 3 FEMMES.

Que ne vient-il donc?

PUPPO.

A moins qu'un refus de votre part...

SIRSAKA.

Oh! il n'y a pas de risque.

PUPPO.

C'est de quoi il tremble ainsi que moi.

SIRSAKA.

Hein?

PUPPO.

Je dis que son choix...

SIRSAKA.

Me regarde.

GUINGAM.

Vous?

KALICOT.

Vous?

SIRSAKA.

Air: *Voilà bien le mot ordinaire.* (des Pages.)

Pour moi tout le monde ici panche.

GUINGAM.

Mes droits sont bien mieux appuyés.

SIRSAKA.

Moi, j'ai son tailleur dans la manche.

KALICOT.

Moi, j'ai son coiffeur à mes piés.

Toutes ensemble à Puppo.

Son orgueil n'est-il pas extrême!
Mon ami, j'ai raison, je crois.

PUPPO.

Vous parlez juste toutes trois;
Ah! que ne chantez-vous de même!

SIRSAKA.

Ouidà! chanter juste à cinquante lieues de Paris, près la foire de Guibrai, c'est bien la peine.

KALICOT.

Mais que fait-il donc, le beau cousin?

SIRSAKA.

Il est sans doute à passer ses indiennes en revue.

PUPPO.

Fi, fi, mesdames! Est-ce qu'un jeune élégant tel que mon maître, la merveille du Calvados, le charme des boudoirs de Guibrai, la coqueluche de Falaise peut s'occuper de ces misères?

SIRSAKA.

Que fait-il donc?

PUPPO.

Ce respectable chef d'une immense famille est en ce moment occupé, devant une glace, à se mettre un peu de rouge, de blanc et une mouche.

SIRSAKA.

Et pourquoi faire?

PUPPO.

C'est tout simple.

Air *de Figaro.*

Comme il est décent qu'on rie
Au moins le jour de l'hymen,
Sur ses traits, monsieur marie
Et l'albâtre et le carmin:
En un mot il étudie
L'air enchanté qu'il aura,
Quand il vous épousera.

SIRSAKA.

Ah! le cœur me bat.

GUINGAM.

N'est-ce pas lui qui s'approche?

KALICOT.

Sais-tu ce qu'il va nous dire?

PUPPO.

Je crois, mesdames, qu'il va vous prier de vous en aller: ainsi je vous conseille de partir d'avance.

LES 3 FEMMES.

Insolent!

PUPPO.

Trésor de grace et de douceur, voici mon maître.

SCENE III.

Les mêmes, FADOLI.

SIRSAKA, *en le voyant entrer.*

Ah! qu'il est beau!

GUINGAM.

Qu'il est gras !

KALICOT.

Qu'il est frais !

CHŒUR. (*Air nouveau de Doche.*)

Honneur, honneur
Au bienfaiteur,
Au maître qu'on révère!
Honneur au bienfaiteur
Qui fait notre bonheur.

FADOLI.

Oh ! les misérables, comme ils m'assassinent !

UNE DES OUVRIERES.

Nous cherchons, pour vous plaire,
Les moyens les plus doux.

FADOLI.

Ma belle, il faut vous taire,
C'est le plus sûr de tous.

LES 3 FEMMES.

Chut, chut.

(*Elles font des révérences multipliées pour se faire remarquer.*)

FADOLI.

Puppo? — Qu'est-ce que c'est que ça ?

PUPPO.

Monsieur, ce sont vos trois cousines ?

FADOLI, *à part.*

Ah ! l'horreur! — Vous voyez, belles dames, le plus malheureux des mortels.

LES FEMMES.

Ciel !

FADOLI.

Une feuille de rose pliée dans ma couche m'a mis au supplice toute la nuit.— Puppo ? mon flacon.

SIRSAKA.

Ah ! cher cousin, lorsque vous serez marié...

FADOLI.

Oui, c'est possible. — Puppo ? mes pastilles. — J'y pense depuis long-tems.

SIRSAKA.

Ingrat! penser toute une année à un choix aussi facile.

FADOLIS.

Comme vous dites, c'est bien peu.

Air *Nouveau.*

Mon cher oncle a traité, je crois,
Trop lestement cet hyménée;
Il me borna pour faire un choix,
Au court espace d'une année.
Comme moi, s'il eût vu de près
Votre beauté, plus qu'accomplie,
Pour choisir entre tant d'attraits
Il m'eût donné toute la vie.

LES FEMMES, EN COEUR.

Honneur
Honneur, etc.

FADOLI.

Encore! — Puppo? chassez ces dames. — Pardon mes petites.

Air *de M. Guillaume.*

Vos airs nouveaux ici sont inutiles,
Pour d'autres tems daignez les réserver.
L'hymen et ses soins difficiles
M'offrent assez de quoi rêver:
Si vous joignez à la langeur mortelle
Où cet hymen me tient déjà,
Un tant soit peu de musique nouvelle
Qui me réveillera?

LES OUVRIERES, *en sortant.*

Ah! le bon maître!

LES FEMMES.

Oh! l'aimable homme!

PUPPO.

Allons, escampati-vos.

SCENE IV.

FADOLI, PUPPO.

FADOLI.

Puppo?

PUPPO.

Monsieur?

FADOLI.

J'ai bien du chagrin, mon ami; tiens-toi donc sur tes jambes.

PUPPO.

Ne faites pas attention.

FADOLI.

Sais-tu bien que je n'aime pas du tout ces femmes là.

PUPPO.

Cela se voit.

FADOLI.

J'ai envie de te dire mon secret.

PUPPO.

Ce n'est pas la peine, je le sais.

FADOLI.

Comment ?

PUPPO.

Vous avez vu il y a quinze jours à la foire de Guibrai une troupe de chanteuses de pont-neuf. Vous avez distingué parmi elles une certaine Larira leur chef, petite brunette appétissante.

FADOLI.

Comment, Puppo, vous la connaissez ?

PUPPO.

Pardine, monsieur, qui ne la connaît pas ?

Air : *Des fiancés*

Dans son emploi, dès long-tems sans rivale.
Quelle finesse ! et quel chant séducteur !
Et comme elle fait la vestale
Quand elle veut soumettre un cœur !
C'est un bijou qu'on chérit à la ronde,
Enfin un lutin si joli
Qu'on le dirait venu de l'autre monde
Pour charmer celui-ci.

FADOLI.

C'est cela même.

PUPPO.

Qui plus est, monsieur, vous l'attendez ici ce soir sous prétexte d'égayer une noce que vous n'avez pas du tout envie de faire.

FADOLI.

Le drôle de corps, il n'en a pas échappé un seul.—C'est qu'en vérité cette rencontre m'a tué.

PUPPO.

Pour un moment.

FADOLI.

Pour la vie, Puppo, pour la vie.

PUPPO.

Bah!

FADOLI.

Ne te souvient-il pas du charme de cette premiere vue?

PUPPO.

Oui, monsieur, Larira était au cabaret à boire avec un cor et une timbale de sa compagnie.

FADOLI.

Non, monsieur, il faut-être juste elle était dehors.

Air : *Du curé de Pompenne.*

Mon œil encore près d'un bouchon
La voit sur sa banquette.
Elle chantait, *Nina*, *Fanchon*,
Et *ma tante Urlurette* ;
Tout comme un autre admirant là,
Ses graces sans pareilles :
Je lui disais déjà :
Larira
Ne prend que mes oreilles.

Même Air.

Mais elle chante *Dumollet*,
Et *Trémousez-vous belle :*
Mon cœur à ce charmant couplet
Roule et saute avec elle :
Heureux, disais-je en voyant ça,
Heureux celui qui *t'aime*;
Qui près de toi pourra
Larira
Se trémousser de même.

PUPPO.

Eh! bien, monsieur ?

FADOLI.

Même Air.

Enfin prenant un violon,
Cette adorable fille,
Nous braille au long de *Cendrillon*
L'histoire si gentille.
Je n'y tins plus, j'entendis là,
Malgré mainte jalouse
L'amour qui s'écria :
Larira
Tu sera mon épouse.

PUPPO.

Et vous ferez fort bien.

FADOLI.

Ma foi je le crois: riche comme je suis qu'osera-t-on me dire?

PUPPO.

Rien du tout.

FADOLI.

Que cette enfant sort de je ne sais où.

PUPPO.

C'est vrai, mais elle chante les flons, flons à ravir.

FADOLI.

Qu'au bout du compte cette fille n'est qu'une....

PUPPO.

A peu près ; mais elle fait la queu dn chat comme un ange.

FADOLI.

Qu'enfin le chef d'un vaste établissement doit d'autres exemples à sa famille.

PUPPO.

Bon ! quelle idée !

Air : *De Pauline.*

L'homme dans la classe commune
Fait presque tout hors de saison.
Le favori de la fortune
Quoi qu'il fasse, a toujours raison.
Le public de nos entreprises
Juge selon notre crédit
N'a-t-on rien, ce sont des sottises,
Quand on a tout c'est de l'esprit.

FADOLI.

Puppo, vous aurez un habit neuf le jour de mes noces. — Mais à propos de folie, rions donc un peu de cette sotte imagination de mes gens...

PUPPO.

Oui, monsieur, rions : de quoi s'agit-il ? Ah, ah, ah, ah !

FADOLI *riant.*

N'ont-ils pas rêvé que le fabricant voisin, qui est si jaloux du succès de mes indiennes, avait obtenu sur de faux titres un jugement contre moi, et qu'il était prêt à le faire exécuter ?

PUPPO.

Ah, ah, quel conte !

FADOLI.

On parle même d'un certain monsieur Roquard, procureur de Falaise, qui doit se mettre à la tête de l'exécution. Ah, ah, ah !

PUPPO.

Peut-on calomnier de la sorte le plus honnête homme du pays ?

FADOLI.

Vous croyez Puppo ?

PUPPO.

Comment donc ?

Air : *l'un est le fils du sentiment.*

Il est procureur et normand :
Quelle masse de conscience !
Je conviens qu'on peut cependant
Tendre un piége à son innocence ;
Mais que redouter de cela !
Si le normand mord à la pomme,
Morbleu, le procureur est là
Pour le forcer d'être honnête homme !

FADOLI.

C'est péremptoire.

(*On entend un refrain dans la coulisse.*)

Mais, qu'entends-je ?

PUPPO.

Ma foi, Monsieur, c'est votre chanteuse et sa troupe.

FADOLI.

Larira ! — Soutiens-moi, Puppo.

PUPPO.

Monsieur, je n'ai pas le tems, il faut que j'introduise.

SCENE V.

Les mêmes, LARIRA, Chanteurs et Chanteuses de la suite.

LARIRA.

Air : *et flon, flon, flon.*

Vive la chansonnette
Les flons, flons, les bons mots !
C'est l'arme dont on fouette
Les méchans et les sots.
Et gai, gai, gai,
La rira don daine,
Et flon, flon, flon,
La rira don don.

FADOLI *regardant Larira.*

Que de graces !

LARIRA.

Même air.

Certain mari raffole
Des nymphes d'Apollon ;
Sa femme s'en console
Avec certain flon, flon.
Et gai, gai, etc.

FADOLI.

Quelle délicatesse !

LARIRA.

Même air.

A Paul, Thémis reproche
Certain acte félon,
Il chante de la poche,
Tout se passe en flon flon.
Et gai, gai, etc.

FADOLI.

C'est enchanteur !

LARIRA.

Même air.

Par la danse on rehausse
Un drame sans raison ;
En pareil cas, la sauce
Fait passer le poisson.
Et gai, gai, etc.

FADOLI.

Parfaitement juste.

LARIRA.

Même air.

Un juri blâme et loue
Maint œuvre ingénieux ;
Maint journal le bafoue
Et n'en juge pas mieux.
Et gai, gai, etc.

FADOLI.

Toujours plus piquante, sur mon honneur.

LARIRA.

Laissez donc, Monsieur Bonne-Odeur. — Pardine, vous êtes un joli homme : n'y a plus qu'à vous faire mouler, vous ne serez pas cher.

FADOLI.

L'aimable espiègle !

LARIRA.

Vous me faites appeler, moi et ma troupe, pour figurer dans une fête, et c'est plus triste ici que le mardi à la Courtille ; pas un verre de ratafiat à l'office pour rafraîchir ces demoiselles, et pis que ça, j'entends parler d'une noce qui n'est pas la mienne ! dis donc, mon mignon, penses-tu que je nous laissions tranquillement passer devant le nez un joli homme comme toi, pas si bête !

FADOLI.

Sensible Larira, si vous connoissiez l'embarras affligeant !...

LARIRA.

Tire-t'en Jean ! Qu'est-ce que ça me fait à moi ? N'y a-t-il pas quinze jours que tu m'aimes, et que tu viens tous les soirs en jacquette m'entendre chanter mes godrioles sur la place de Guibrai, ous que tu m'as fait une déclaration publique, et je dis que ça débuta bien galamment de votre part.

Air : *Enfin, v'là qu'est donc baclé.*

Tandis que j'étions en train
D'vendre à chacun m'on p'tit livre,
Soudain vous m'tendites la main ;
Et c'qui prouve bien vot' savoir vivre,
D'un trait vous m'prites à deux sols
Tout c'que j'en avions devant nous.

PUPPO.

— Ma foi, Monsieur, si vous l'avez pris comme elle le dit ?...

FADOLI.

Oui, Puppo, je crois que j'ai pris tout le paquet.

LARIRA.

(*Elle a pris peu à peu un air sombre, puis tout à coup elle danse en chantant.*)

J'ai du bon tabac dans ma tabatière !
Dieux ! quel vertigo
Me monte au cerveau !

FADOLI.

Qu'a-t-elle donc ?

LARIRA.

Laissez-moi, laissez-moi : c'est une bouffée de prédictions qui m'étouffe.

FADOLI.

Ah ! mon dieu, si elle met tout ça en chansons, nous sommes perdus !

LARIRA, *toujours dans une espèce de délire.*

Des huissiers !... des recors !... un procureur !...

PUPPO, *à Larira.*

La, la, la, petite sorcière, remettez-vous.

Air : *Tous les Bourgeois de Chartres.*

Enfant de la Folie,
Des ponts neufs et du goût,
Ce ton de prophétie
Ne vous va pas du tout :
La fille de Priam seule a droit d'y prétendre.

LARIRA.

Tais-toi donc, esprit mal adroit,
Devant un Gille on a le droit
De parler en Cassandre.

PUPPO.

C'est juste.

LARIRA.

Tu ne sais donc pas qu'une artiste comme moi fait de tout, et que quand je voulons m'en donner la peine, je pinsons d'la grace et de la modestie aussi proprement qu'un premier sujet d'opéra, da. Tiens, regarde. (*Elle fait quelques pas et quelques gestes d'un bon ton.*)

FADOLI.

Puppo, qu'est-ce qu'elle dit donc ?

PUPPO.

Qu'elle vous adore, Monsieur.

FADOLI *se levant.*

Eh bien! le moment est favorable, et je déclare.... (*un moment de silence.*)

PUPPO, *faisant signe à la cantonnade.*

Entrez donc, vous autres.

FADOLI.

Et je déclare... (*à la cantonnade.*) Entrez donc, ou je finis la pièce.

PUPPO.

Les voici, monsieur.

FADOLI.

Je déclare donc...

SCENE VI.

Les Mêmes, LES 3 FEMMES.

SIRSAKA.

Air : *Alerte, alerte.*

Alerte, alerte, alerte,
Nous touchons tous à notre perte;
Vite au secours, vite armons nous,
Ou c'en est fait ici de tous.

FADOLI.

Qu'est-ce que cela veut dire ?

SIRSAKA.

Air : *Ah! Monseigneur.*

Ah! mon cousin, ah! mon cousin,
Courez bien vite au magasin;
Des hommes noirs sont là-dedans,
Ils pillent tout en vieux forbans,
Tout excepté notre vertu,
Dont ces messieurs n'ont pas voulu.

FADOLI.

Ciel! dépêchons.

SIRSAKA.

Oui, cousin, dépêchez-vous; ces messieurs vous attendent pour vous mettre en prison.

FADOLI.

En prison!

LARIRA.

Quoi, lâche, tu recules ?

FADOLI.

Il y a de quoi.

LARIRA, *lui donnant un violon.*

Voici des armes.

FADOLI.

Un violon!

LARIRA.

Et Larira donc, nigaud, pour qui la comptes-tu. (*aux hommes de sa troupe, qui portent les gros instruments.*) Allons, amis, venez me seconder.

UN DES HOMMES.

Mais, dis donc, l'enfant, si on nous rosse.

LARIRA.

Autant de pris, mes amis.

Air : *Le petit Vaudeville.*

Avec votre dos que craint-on
D'une vile cohorte ?
Quelques mauvais coups de bâton;
S'ils sont payés, qu'importe ?
Vous et les vôtres,
Gens de bien
En recevez tant d'autres
Pour rien
En recevez tant d'autres.

PUPPO.

Elle connaît son monde.

LARIRA.

Même Air.

Et vous filles des jeux, des ris,
D'amour, gentils apôtres,
Pour combattre nos ennemis
Quels yeux valent les vôtres!
Si ce petit moyen est vain
Vous en avez tant d'autres
en main
Vous en avez tant d'autres.

FADOLI.

Ah! elle m'enflamme!

LARIRA.

Un moment, il faut ici de la mesure.

Même air.

Laissons d'abord le joyeux chant;
Quittez vos flûtes douces :
Braillons les airs d'Abel, d'Adam,
Lâchons-les à leurs trousses.
Ces vieux apôtres
Du plain-champ
En ont fait fuir bien d'autres,
Vraiment,
En ont fait fuir bien d'autres.

Qui m'aime me suive.

(*Elle se met à la tête de sa troupe, prend Fadoli par dessous le bras, et fait le tour du théâtre. Ses compagnes la suivent et agitent en l'air leurs instrumens et leurs cahiers de chansons.*)

SCENE VII.

SIRSAKA, GUINGAM, KALICOT.

SIRSAKA.

Ah! mon Dieu, mon Dieu! qu'est-ce que cela va devenir?

(*On entend crier dans la coulisse.*)

Victoire, victoire! à nous la fabrique!

LES 3 FEMMES.

Quoi! déjà?

SIRSAKA.

Le violon de notre cousin n'a pas tenu long-tems. (*Elle regarde par la coulisse.*) Voilà qu'on l'entraîne.

GUINGAM et KALICOT.

Déjà ?

SIRSAKA.

On l'enferme dans le grenier.

LES MÊMES.

Déjà ?

SIRSAKA.

On s'empare de la caisse.

LES MÊMES.

Déjà ?

SIRSAKA.

Et toutes les indiennes sont frippées!

TOUTES LES TROIS.

Ciel! sauvons-nous!

SCENE VIII.

Maître ROQUARD, SALEM, et Suite.

CHŒUR.

Air : *Vaudeville des Innocens.*

Nous triomphons, ah! quel bonheur!
Sous nos mains tout tombe
Et succombe.

ROQUARD, *entrant.*

Voilà ce que produit l'honneur
D'avoir en tête un procureur.

LE CHOEUR.

Nous triomphons, ah! quel bonheur! etc.

ROQUARD.

Huissiers, recors et sergens, mes amis, je suis content de vous.

SALEM.

Maître Roquard, vous savez qui nous sommes, et qu'en fait de coup de main.....

ROQUARD.

Oui, je n'ai qu'à me louer de votre probité. Vos poches sont pleines, vos malles sont remplies, et ce n'est pas mal débuter.

SALEM.

En ce cas que tardons-nous à mettre, ici, tout sans-dessus-dessous.

ROQUARD.

Doucement, petite Salé, doucement. — L'objet le plus

précieux pour le fabricant voisin, qui nous envoie, est la possession d'un certain petit-pot à couleurs, que Fadoli tient ici caché, je ne sais où.

SALEM.

Tiens, nous nous arrêtons pour un pot!

ROQUARD.

Pourquoi non? Un pot vaut bien un ruban.

Air: *Dans la vigne à Claudine.*

Les couleurs qu'il recèle
Sont pour cette maison
Une source fidèle
De réputation.
De ces couleurs anciennes,
L'œil est tant ébloui,
Qu'on prend pour des indiennes
Des façons de Joui.

SALEM.

Eh! bien, quand vous lui aurez pris ces couleurs là, est-ce qu'il n'en fera pas d'autres?

ROQUARD.

Impossible: le secret n'est pas de lui.

SALEM.

Bah!

ROQUARD.

Air: *Une fille est un oiseau.*

Ce précieux coloris
Inventé pendant la guerre,
Où l'on assiegeait Cythere,
Bientôt charma tout Paris.
A peine on le vit paraître
Qu'il fut jugé d'un grand maître;
Et pouvait-il ne pas l'être?
Le peintre qui pour son art
Trouva ce secret utile,
N'était pas un imbécile,
Car il se nommait Favart.

(*On entend la ritournelle d'un air très-gai.*)

SALEM.

Qui vive?

ROQUARD.

Paix donc, vous autres.

SALEM.

Mais voyez donc, maître Roquard, c'est comme une patrouille de jeunes filles.

ROQUARD.

Je sais ce que c'est. (*à Salem, à part.*) Il y a parmi elles une petite chanteuse qui avec le bourgeois de céans... (*Il lui parle à l'oreille.*)

SALEM.

Ah! j'entends, j'entends.

ROQUARD.

Elle sait les êtres de la maison, et elle m'aura bientôt indiqué ce que je cherche.

SCENE IX.

Les Mêmes, LARIRA, Femmes de sa suite.

(*Chacune d'elle a un schall d'indienne avec lequel, pendant toute la scène, elle fait différentes figures.*)

LARIRA, *à la tête de ses compagnes passe devant Roquard et sa troupe.*

Air: *De J. J. Ah! quel bonheur!*

Venez, mes sœurs,
Honorons le courage,
Rendons hommage
Au plus doux des vainqueurs.

CHŒUR.

Allons, mes sœurs, etc.

LARIRA, *à Roquard.*

Homme sensible,
Incorruptible,
Ton cœur paisible
A droit à ces honneurs.

ROQUARD, *en voyant les chanteuses faire des figures avec leurs schalls*

Que ces fillettes
Sont joliettes;
Ah! quel plaisir d'enflâmer de tels cœurs.

LARIRA.

Allons, mes sœurs, etc.

Mesdemoiselles, la queue du chat.

(*Les chanteuses figurent cette danse un instant, et finissent par un tableau grotesque*)

SALEM, *à Roquard.*

Air: *Je ne veux pas, je ne veux pas.*

Morbleu, si j'ai bonne mémoire,
J'ai vu ces tableaux quelque part.
Dans Armide!

UN HUISSIER.

Non, à la foire.

UN AUTRE.

Eh! non, c'était au boulevard.

ROQUARD.

Ces chances, messieurs, sont connues ;
Un opéra du nouveau goût
Ressemble à cent mille fortunes.
C'est pris par tout,
C'est pris par tout.

Mais ça n'est pas moins joli pour ceux qui ne le connaissent pas. (*à Larira*) Ma petite, vous êtes ravissante ! — Vous dansez donc aussi ?

LARIRA.

Très-peu, monsieur. Quelques cotillons, quelques balancés, voilà tout.

Air : *Traitant l'amour sans pitié.*

Nous laissons ces nobles jeux
A celui dont le génie,
Au Temple de Polymnie
Charme et séduit tous les yeux.
Nous, loin de cette homme habile,
Nous promenons dans la ville
Un modeste vaudeville.
Heureux si dans nos couplets
Nous pouvions mettre sans cesse,
La grace, la gentillesse,
Et l'esprit de ses ballets.

(*Les chanteuses forment une nouvelle figure, et avec leurs schalls dessinent des lettres qui offrent le nom de Gardel.*)

ROQUARD.

Fort bien, fort bien. Mais j'ai à vous parler.

Air : *La faridondaine.*

On doit aimer avec ces yeux
A rendre un bon office,
Or, j'attends de vous en ces lieux
Un important service.
Puis-je compter sur votre appui ?

LARIRA.

Vraiment, monsieur, oui.

ROQUARD.

Ah ! j'en suis ravi

LARIRA.

Oui, je vais te servir ici,
Biribi,
A la façon de Barbari,
Mon ami.

ROQUARD.

Il s'agit, ma mignone, de me découvrir la cachette, où M. Fadoli tient son fameux pot à couleurs. (*Il s'approche d'elle, et lui fait quelques caresses.*)

LARIRA, *le regardant.*

A ! l'horreur !

ROQUARD.

Qu'est-ce donc, ma petite ?

LARIRA.

Comment, monsieur, vous demandez une grace à une jolie femme, comme moi, avec une perruque semblable? A bas la perruque.

TOUTES LES FEMMES.

A bas la perruque.

ROQUARD.

Mais, mon enfant!

LARIRA.

Mesdemoiselles, faites tomber cette perruque.

ROQUARD ET SA TROUPE.

Quoi, quoi, quoi?

LARIRA.

(*Pendant ce couplet les femmes font aux hommes quelques agaceries avec leurs schalls.*)

Air: *Et zon, zon, zon.*

Allons, gentils barbons,
Dégagez cette nuque;
L'amour près des tendrons
N'est jamais en perruque;
Et zon, zon, zon,
Quand l'amour vous reluque;
Et zon, zon, zon,
A bas ce noir gazon.
LES HOMMES ET LES FEMMES.
Et zon, zon, zon, etc.

LARIRA.

Ah! les jolis garçons.

ROQUARD, *s'approchant de Larira.*

Eh bien! ma chère, le petit pot....

LARIRA.

Eh bien! mon cher, il est... (*le regardant de nouveau.*) Ah! monsieur Roquard, voilà une robe qui m'épouvante. A bas la robe!

TOUTES LES FEMMES.

A bas la robe!

ROQUARD.

Oh! pour cela....

LARIRA.

Mesdemoiselles, faites tomber cette robe, ces épées, ces bâtons. (*Les femmes forment un nouveau tableau grotesque pour séduire les hommes.*)

ROQUARD ET SA TROUPE, *à demi-voix.*

Air : *Chou, chou.*

Ah ! que nous sommes bêtes
D'écouter ces accens ;
Mais ces filles honnêtes
Ont des traits si puissans!
Hélas ! hélas ! si séduisans!

ROQUARD.

Comment les éviter !
Comment leur résister !

LARIRA.

Allons, troupe inhumaine,
Que ce schall vous enchaine :
Voulez-vous, sur la scène,
Qu'un schall manque son coup !

LES FEMMES ET LES HOMMES, *les uns après les autres.*

Chou, chou,
Chou, chou,
Chou, chou, chou, chou.

LES FEMMES.

Donnez-nous,
Donnez-nous
Ces bijoux.

ROQUARD.

Ma foi, ils sont à vous.

(*Roquard ôte sa robe, les huissiers et les recors remettent aux femmes leurs sabres et leurs bâtons.*)

LARIRA, *à Roquard.*

Ah ! vous voilà enfin vêtu en honnête homme.

ROQUARD.

Ah ! mon cœur, ma rate....

LARIRA.

Que dites-vous donc, ma rate? c'est vous qui l'êtes. (*Elle s'affuble de la robe de Roquard, met son bonnet carré ; les femmes s'arment des bâtons, des sabres, et prennent une posture grotesque.*) Comment nous trouvez-vous?

ROQUARD.

Les plus jolis petits officiers de justice que j'ai jamais vus.

LARIRA.

(*Elle et ses compagnes s'emparent des hommes et leur font faire le tour du théâtre.*)

Air *du lendemain.*

Eh bien ! à la justice
Ventrebleu ! soumettez-vous ;
Vîte qu'on obéisse
Et qu'on tombe à nos genoux.

LES HOMMES.

Oh, oh ! c'est trop fort.

LARIRA.

Gare les schalls.

ROQUARD.

Dans quel pays, quelle grue
Peut souffrir ces affronts là.

LARIRA.

Mon cher, la mode est venue
De l'Opéra.

SALEM.

Mais, maître Roquard...

ROQUARD.

Eh! bien, crois-tu avoir plus d'esprit qu'un opéra, toi? — A genoux, messieurs.

(*Les hommes se mettent à genoux.*)

LARIRA.

Air : *Adieu donc, dame Françoise.*

Pour la peur un peu trop chaude
Qu'on nous a faite en ce jour,
Par nos mains le tendre Amour
Vous doit une chiquenaude;
De sa part, mon doux ami,
Recevez celle-ci.

(*Elle donne une chiquenaude à Roquard, et au même moment toutes les femmes en font autant aux autres hommes.*)

LES HOMMES, *éternuant.*

Atchit.

LARIRA.

Et n'y revenez plus.

ROQUARD, *se relevant.*

Que le ciel nous en préserve! Recevez, mesdames, nos remercimens.

LARIRA.

Demi-tour à droite, en avant, marche et file toujours.

(*Les hommes sortent en saluant les femmes très-respectueusement.*)

CHŒUR DE FEMMES.

Oh, oh, oh ! ah, ah, ah !
Les beaux conquérans que voilà
La la;
Oh, oh, oh! ah, ah, ah!
C'est dans l'Inde qu'on voit cela
La la.

SCENE X.

Les Mêmes. *Tous les Acteurs qui se trouvent dans les coulisses entrent pêle-mêle.*

UN DES ACTEURS.

Bravo, bravo, Minette, tu as joué comme un ange.

LARIRA.

Qu'est-ce que vous faites donc, messieurs ?

LE MÊME.

Est-ce que la pièce n'est pas finie ?

LARIRA.

Eh non ! il y a une nouvelle action pour le dénouement. (*Montrant la salle.*) Ne voyez-vous pas le public ?

LE MÊME.

Ah ! c'est vrai. (*Tout le monde se sauve.*)

SCENE XI.

LARIRA, sa Suite.

LARIRA.

Continuez donc, mesdemoiselles.

LES FEMMES, *sortent en criant :*

Victoire, victoire, victoire !

SCENE XI.

LARIRA, FADOLI, PUPPO.

FADOLI.

Eh bien, eh bien ! quoi ? qu'est-ce ? je suis libre ! qu'y a-t-il donc ? encore des battus ?

LARIRA.

Eh oui, Phœbus ! est-ce que tu ne vois pas fuir tes ennemis ?

FADOLI.

Puppo ?

PUPPO.

Monsieur ?

FADOLI.

Est-il vrai qu'ils s'éloignent ces coquins là ?

PUPPO.

Je le crois, Monsieur, car voilà le courage qui me revient.

FADOLI.

En vérité, c'est un enchantement.

LARIRA.

Et je dis que j'avons travaillé ça joliment.

FADOLI.

Ah! Larira. [*Il tombe à ses genoux.*]

LARIRA.

Qu'est-ce qui te prend donc?

FADOLI.

Je vous épouse, mon enfant.

LARIRA.

Laissez donc, Fanfan, est-ce que ça se fait comme ça?

Air: *Du petit matelot.*

J'sais que tu m'aimes, que je t'aime,
Que j'tai rendu par ma gaité,
Ta fabrique; ton honneur même,
Et puis enfin ta liberté.
D'après tout ça, si je n'm'abuse,
D'autres soins seraient superflus;
Mais pour faire un acte de plus,
Il faut bien que je te refuse.

FADOLI.

Oui, eh! bien, Puppo; viens me mettre au lit.

PUPPO.

Oui, monsieur, allons-nous coucher.

LARIRA.

Bah! est-ce que st' princesse qu'il faut qu't'épouses pour garder ton bien, t'a refusé aussi?

FADOLI.

Au lit, Puppo, au lit, et des médecins tant qu'on en trouvera.

PUPPO.

Quoi, tout de bon?

FADOLI.

Air: *Quand Biron.*

Alors que j'ai combattu,
Mon ami, n'as-tu pas vu,
Ce vieux réitre épais, trapu,
Qui, droit au nez m'a mordu?

PUPPO.

Je n'ai rien vu de tout cela.

FADOLI.

C'est un faiseur de gazettes,
A qui pour quelques sornettes,
On a donné congé.

PUPPO.

Il doit être enragé.
Au lit, au lit.

(Il entraine Fadoli.)

SCENE XIII.

LARIRA.

Oh! les malins! tout ça m'a bien l'air de queuque frime: mais c'est forcé, il faut que je donne dedans tout comme un autre. Ainsi je file.

Air: *Au coin du feu.*

Puis qu'j'ai contraint moi-même
Ce pauvre cœur qui t'aime
A rester veuf.
Dans ma douleur profonde,
J'vas me retirer du monde,
Sur le Pont-neuf.

SCÈNE XIV.

LARIRA, GUINGAM, SIRSAKA, KALICOT.

(Ces trois dernières arrivent l'une après l'autre.)

SIRSAKA.

Ah! mon dieu!

GUINGAM.

Ah! mon dieu!

KALICOT.

Ah! mon dieu!

SIRSAKA.

Mademoiselle, qu'est-ce donc que tout cela signifie? On dit que notre cher cousin est malade.

GUINGAM.

Qu'il a appellé quatre médecins?

KALICOT.

Qu'il n'en veut pas revenir.

SIRSAKA.

Air: *Des Pierrots.*

Vraiment, c'est un trait de folie.

GUINGAM.

Son esprit doit être égaré.

KALICOT.

Prendre exprès pour quitter la vie
Un jour à l'hymen consacré !

SIRSAKA.

Cela vous semble-t-il honnête ?
Mourir avant de faire un choix !

LARIRA.

Ça n'est peut-être pas si bête,
C'est pour ne pas mourir deux fois.

SCENE XV.

Les Mêmes, PUPPO.

(*Pendant cette scène Larira reste comme plongée dans la plus profonde rêverie.*)

PUPPO.

O affliction, désolation, abomination !

SIRSAKA.

Eh ! bien, qu'est-ce qui arrive ?

PUPPO.

Dites plutôt qu'est-ce qui part ?... Mon pauvre maître...

LES 3 FEMMES.

Est-ce moi qu'il a choisie ?

PUPPO.

Oh ! bien, oui, il est frais pour cela ?

Air : *Du pas redoublé.*

Le premier médecin venu,
Pour lui rendre visite,
En le tâtant à reconnu
Qu'il fallait aller vite :
Soudain, sans cérémonial,
Ce médecin ingambe
Voyant qu'au nez était le mal,
A fait couper la jambe.

LES 3 FEMMES.

La jambe !

PUPPO.

Oui, mesdames, pour prendre, à ce qu'il dit, le mal à sa racine. (*Il s'éloigne.*)

SIRSAKA.

Ah ! mes sœurs, quelle fatalité !

GUINGAM.

Un mari sans jambe.

KALICOT.

Cela n'est pas commun.

SIRSAKA.

Ma foi, non.

PUPPO, *revenant.*

O irréflexion, incision, amputation!

LES 3 FEMMES.

Encore?

PUPPO.

Hélas! mesdames, le second médecin vient de déclarer que le premier, qui avait fait couper la jambe droite, n'était qu'un âne, et il l'a prouvé en faisant couper la gauche.

LES 3 FEMMES.

Est-il possible?

PUPPO.

Oh! celui-là veut que ça marche. (*Il s'éloigne.*)

SIRSAKA.

En vérité, mes sœurs, je suis consternée; est-ce que vous épouseriez un homme comme çà?

KALICOT.

Et vous?

GUINGAM.

Et vous?

PUPPO, *revenant.*

O exécration, ô malédiction!

LES 3 FEMMES.

Quoi, toujours!

PUPPO.

Voilà le nez parti.

LES 3 FEMMES.

Quoi, le nez aussi?

PUPPO.

Pas plus que dessus la main: le troisième médecin l'a expédié; et comme le quatrième va entrer il n'y a pas de tems à perdre pour le mariage.

LES FEMMES.

Oh bien, oui.

PUPPO.

Air: *Fanfare de St.-Cloud.*

Après un pareil esclandre,
Un galant ne choisit pas;
On est à qui veut nous prendre
Quand on est en pareil cas.
Que son sort touche vos ames.

SIRSAKA.

Bel époux à se donner!

PUPPO.
Il est sans jambes, mesdames.

SIRSAKA.
Qu'il aille se promener.

LARIRA, *sortant tout-à-coup de sa rêverie.*
Quoi, mesdames, vous le refusez?

LES 3 FEMMES.
Tout à-fait.

LARIRA.
Eh bien, moi...

PUPPO.
Eh bien, vous?

LARIRA.
Ah! les traitres de médecins.

Air: *N'en demandez pas davantage.*

Hélas! ils l'ont bien maltraité!
Son nez sur-tout! Ah! quel dommage.
C'est bien contraire à la santé,
Mais quand c'chien d'amour nous engage
Y voit-on d'si près:
Je l'accepte... mais
Ne m'éprouvez pas davantage.

SCENE XVI et dernière.

Les Mêmes, FADOLI, suite de Larira.

(*Le fond du théâtre se lève et l'on voit Fadoli placé sur un comptoir, et au milieu de plusieurs pieces d'indiennes en étalage.*)

FADOLI.
Le voilà tout entier.

LES 3 FEMMES.
Ah! le monstre, si je l'avais su!

PUPPO.
Eh bien, mesdames, ce sera pour une autre fois.

FADOLI.
Larira tu es à moi.

LARIRA.
Tredam, il le faut bien, puisque j'ai donné dans ta girie, quoique elle soit pour le moins aussi vieille que Molière.

FADOLI.
Paix donc, paix donc.

LARIRA.

Air : *Vous reconnaîtrez les bontés.*

Te voilà remis en santé,
De grand cœur je t'en félicite ;
Mais de c'te cur' la faculté
N'aura pas, je crois, le mérite.
Quoique ces messieurs soient bien fins,
Pour te tirer de cette affaire,
Le meilleur de tes médecins
Fut le malade imaginaire.

FADOLI.

Ma foi, mon enfant, je ne pouvais ni mieux choisir, ni à meilleur marché. Eh bien ! puisque tout finit par des chansons, chantons.

LARIRA.

Eh bien ! oui, chantons.

VAUDEVILLE.

Air : *Vaudeville des Sabotiers.*

LARIRA.

On croit la chanson très-facile,
Mais, en faisant tout ce qu'il peut,
Le chansonnier le plus habile
N'fait plus aujourd'hui ce qu'il veut.
S'il chante, que tout dégénère,
Q'à tout l'intérêt se préfère ;
Et vraiment, et vraiment, dira-t-on,
C'est la vérité toute entière :
Et vraiment, et vraiment, dira-t-on,
Ce n'est pas une chanson.

FADOLI.

Dites que Luc doit sa merveille
Au soin qu'il prend de la proner ;
Que Jean nous emprunte la veille
Le dîner qu'il doit nous donner.
Dites que l'intriguante Aline
Sur le jeu fonde sa cuisine ;
Eh ! vraiment, nous nous y connaissons,
Diront tous ceux qu'elle ruine :
Eh ! vraiment, nous nous y connaissons,
Ce ne sont pas des chansons.

SIRSAKA.

Tout Paris sait avec quel zèle
Damon rimaille nuit et jour,
Et comme sa muse harcèle
Tour-à-tour la ville et la cour.

Dites qu'il vise, en cette affaire,
Bien moins à l'honneur qu'au salaire;
Eh! vraiment, eh! vraiment, dira-t-on,
Nous connaissons le pauvre hère:
Eh! vraiment, eh! vraiment, dira-t-on,
Ce n'est pas une chanson.

LARIRA, *au public.*

L'auteur d'un léger badinage
Commence d'abord par s'flatter,
Mais qu'au dénouement d'son ouvrage
Il vienne humblement vous chanter:
Sans l'indulgence du parterre
De tels œuvres ne vivent guère:
Eh! vraiment, nous nous y connaissons,
Va s'écrier tout le parterre:
Eh! vraiment, nous nous y connaissons;
Ce ne sont pas là des chansons.

FIN.

De l'Imprimerie de P. NOUHAUD, rue du Petit-Carreau, N.° 32.

www.ingramcontent.com/pod-product-compliance
Ingram Content Group UK Ltd.
Pitfield, Milton Keynes, MK11 3LW, UK
UKHW020518180726
13839UKWH00005B/2170